BEI GRIN MACHT SICH IHR WISSEN BEZAHLT

- Wir veröffentlichen Ihre Hausarbeit,
  Bachelor- und Masterarbeit

- Ihr eigenes eBook und Buch -
  weltweit in allen wichtigen Shops

- Verdienen Sie an jedem Verkauf

Jetzt bei www.GRIN.com hochladen
und kostenlos publizieren

Thomas Hillen

Anwendung des Spatial Data-Mining (SDM) in der Epidemie-Forschung

GRIN Verlag

Bibliografische Information der Deutschen Nationalbibliothek:

Die Deutsche Bibliothek verzeichnet diese Publikation in der Deutschen National-
bibliografie; detaillierte bibliografische Daten sind im Internet über http://dnb.d-
nb.de/ abrufbar.

Impressum:

Copyright © 2012 GRIN Verlag GmbH
Druck und Bindung: Books on Demand GmbH, Norderstedt Germany
ISBN: 978-3-656-67747-5

Dieses Buch bei GRIN:

http://www.grin.com/de/e-book/274940/anwendung-des-spatial-data-mining-sdm-
in-der-epidemie-forschung

Spatial Data-Mining

und Epidemien

Schriftliche Ausarbeitung im Rahmen des Moduls

Seminar zur Wirtschaftsinformatik (5 WI 15)

Fachhochschule Bielefeld Fachbereich Wirtschaft

Wintersemester 2011 - 2012

Autor: Thomas Hillen

Kurzfassung

Im Seminar soll jeder Teilnehmer zeigen, dass er in der Lage ist, sich in ein ihm unbekanntes Thema der Wirtschaftsinformatik einzuarbeiten und dieses wissenschaftlich aufzubereiten. Dazu ist diese schriftliche Ausarbeitung anzufertigen. Außerdem hat jeder Teilnehmer einen wissenschaftlichen Vortrag zu halten. Der für den Vortrag verwendete Foliensatz findet sich im Anhang dieses Dokuments.

Die vorliegende Seminararbeit befasst sich mit dem Thema *„Spatial Data-Mining und Epidemien"* (SDM). Das SDM ist eine Ausprägungsart des Data-Mining (DM). Es verknüpft räumliche Daten mit dem herkömmlichen Prozess der Wissensgewinnung (DM) aus Datenbanken. Das SDM ist hierbei lediglich ein Teilprozess der Wissensentdeckung in Datenbanken.

Daher wird im Rahmen dieser Arbeit das Data-Mining an sich erläutert. Es wird ein Überblick über Geographische Informationssysteme gegeben und das *„Spatial Data-Mining"*, die dabei verwendeten Techniken sowie die betreffenden Anwendungsgebiete behandelt. Ein Anwendungsgebiet des SDM – die Epidemie-Forschung – wird detaillierter betrachtet und abschließend ein Fazit gezogen werden.

Inhaltsverzeichnis

Abkürzungsverzeichnis

Abb. .... *Abbildung*

bspw. .... *beispielsweise*

confidence .... *Vertrauen*

d.h. .... *das heißt*

DBS .... *Datenbanksysteme*

DM .... *Data-Mining*

GIS .... *Geografisches Informationssystem*

i.d.R. .... *in der Regel*

IC .... *Integrierte Schaltung*

k.A. .... *keine Angabe*

KDD .... *Knowledge Discovery in Databases*

o.g. .... *oben genannte*

Pixel .... *Bildelement*

SDM .... *Spatial Data-Mining*

spatial .... *räumlich*

support .... *Unterstützung*

topologisch .... *raumbezogen*

u.a. .... *unter anderem*

vgl. .... *vergleiche*

z.B. .... *zum Beispiel*

Abbildungsverzeichnis

Tabellenverzeichnis

1 Einleitung

Aus zunehmendem Wachstum und zunehmender Datenerfassung resultieren immer größere Datenbestände in allen Bereichen. Heutzutage werden kommerzielle Transaktionen, Produktionsabläufe und Kommunikationsvorgänge größtenteils elektronisch mit Hilfe von Datenbanken oder des Internets abgewickelt (Fraunhofer-Institut für Intelligente Analyse- und Informationssysteme IAIS, 2011). Gleichzeitig wird Rechenleistung durch stetig steigende Leistungsfähigkeit immer erschwinglicher. So behauptete bspw. Martin Strobel (Pressesprecher Intel Deutschland) im Jahr 2009:

"Wir sind zuversichtlich, das Mooresche Gesetz noch eine ganze Weile erfüllen zu können" (Strobel, 2009)

Das *„Mooresche Gesetz"* besagt, dass sich die Zahl der Transistoren von Integrierten Schaltungen (IC) etwa alle 18 Monate verdoppelt (DATACOM Buchverlag GmbH, 2011). (siehe Abbildung 1) Simultan dazu wird die dauerhafte Speicherung von Daten immer günstiger.

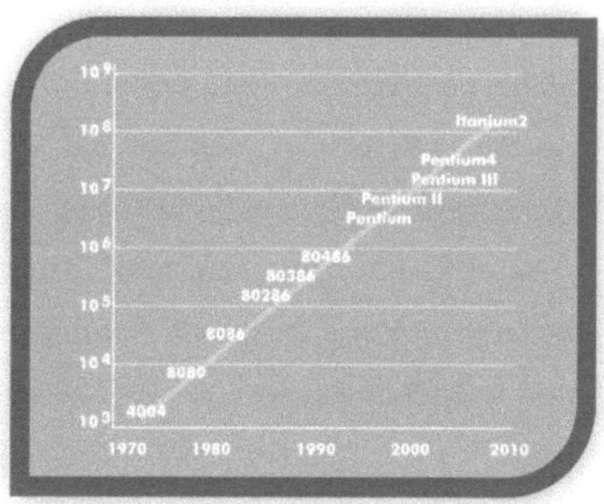

Abbildung 1 Entwicklung der aktiven Bauelemente auf Intel CPUs nach dem Mooreschen Gesetz (Quelle: www.itwissen.info)

Aus diesen drei vorgenannten Tatsachen resultiert ein enormes Wachstum des Datenvolumens. So prognostizierte IBM etwa 2009, dass sich die Speicherkapazität in Unternehmen alle 18 Jahre verdoppeln werde (Kudraß, k.A.). Die weltweiten Datenbestände verdoppeln sich mittlerweile sogar alle 20 Monate (Dürr & Schweigert, Anwendungen des Data Mining in der Praxis, 2004). Darüber hinaus rechnen 44% der deutschen Unternehmen mit einem exponentiellen Wachstum des Datenvolumens in den nächsten Jahren. Als eine Hauptursache für dieses Wachstum ist die immer detailliertere Analyse und Erfassung von individuellen Kundendaten anzuführen (Steria Mummert Consulting AG, 2011). Die Ausgangssituation ist also ein stetig exponentiell wachsender, globaler Datenbestand.

In Zukunft wird daher vor allem die *„Nutzbarmachung"*, somit die Extraktion gültiger und verständlicher Muster aus Datenbeständen, im Fokus stehen.

„Aktuelle Forschungsergebnisse legen nahe, dass künftig im Informationsmanagement nicht der Einsatz von Technologien an sich, sondern die Art des Einsatzes den Unterschied im Wettbewerb ausmachen wird" (Schulze, 2011)

Auf den nächsten Seiten wird zunächst im Kapitel 2 die Technik des *„Data-Mining / Knowledge Discovery in Databases (KDD)"* (=Wissensentdeckung in Datenbanken) an sich erläutert und anschließend im Kapitel 3 ein Überblick zu Geographischen Informationssystemen (GIS) gegeben werden. Das Kapitel 4 befasst sich mit dem *„Spatial Data-Mining"*, welches die Verknüpfung von DM mit GIS darstellt. Nachfolgend wird der Autor in Kapitel 5 *„Spatial Data-Mining und Epidemien"* auf einen Anwendungsfall des SDM detailliert eingehen und Möglichkeiten zur Weiterentwicklung durch die Nutzung von *„Informatiktechniken"* aufzeigen um abschließend im Kapitel 5 ein Fazit zu ziehen und zu versuchen einen Ausblick zu geben.

2   Data-Mining / Knowledge Discovery in Databases

Das Data-Mining wird auch als Wissensentdeckung in Datenbanken (KDD) bezeichnet. Es ist als

"nontrivial process of identifying valid, novel, potentially useful, and ultimately understandable patterns in data" (Fayyad, Piaetsky-Shapiro, & Smyth, 1996, S. 40)

definiert. Die Übersetzung ins deutsche liefert uns die Definition des DM als

„nicht triviale Entdeckung gültiger, neuer, potentiell nützlicher und verständlicher Muster in großen Datenbeständen" (Dürr, Anwendungen des Data Mining in der Praxis, 2004, S. 2).

Der Duden benennt DM als *„[halb] automatische Auswertung großer Datenmengen zur Bestimmung bestimmter Regelmäßigkeiten, Gesetzmäßigkeiten und verborgener Zusammenhänge"*

(Bibliographisches Institut GmbH , 2011). Damit steht der Begriff hauptsächlich für die *„Wissensgewinnung"* aus Datenbanken und – beständen durch die Gewinnung von gültigen und verständlichen Mustern (Patterns). Data-Mining ist dabei jedoch nur ein Teilprozess der

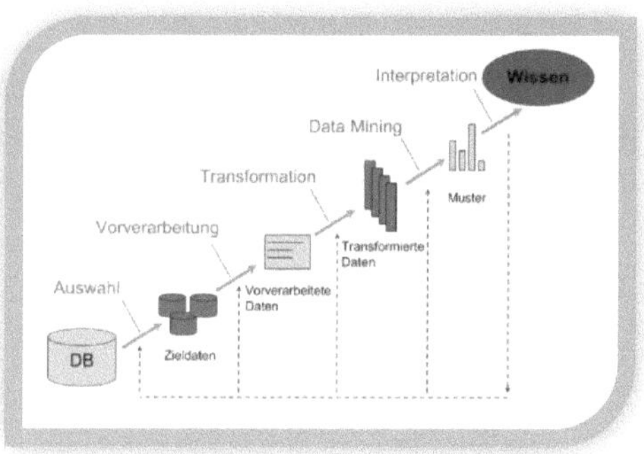

Abbildung 2 KDD-Prozess (Quelle: http://www.enzyklopaedie-der-wirtschaftsinformatik.de)

Wissensentdeckung (Kietz, 2009). Der Gesamt-Prozess der Wissensentdeckung ist schematisch in Abbildung 2 dargestellt. Daraus wird ebenfalls ersichtlich an welcher Stelle der Prozesskette das Data-Mining stattfindet.

Da das Kernthema dieser Arbeit *„Spatial Data-Mining"* ist wird der Prozess der Wissensentdeckung nur oberflächlich behandelt. Data-Mining ist das Ergebnis des stetigen Fortschritts in der Informationstechnik, denn die Basis bilden komfortabel (in Datenbankstrukturen = Tabellen) abgelegte Daten, auf welche dann Verfahren angewendet werden die sehr große Datenmengen verarbeiten können. Data-Mining besteht aus mathematisch-statistischen Rechenverfahren die intelligent auf Daten (z.B. Data Warehouse-Architekturen) angewendet werden. Das klassische DM bezieht sich dabei auf strukturierte Daten, legt daher z.B. relationale Datenbanken als Basis zugrunde, und dient dem Zweck aus vorhandenen Daten verwertbare Informationen zu gewinnen. Im Teilschritt des Data-Mining werden Algorithmen benutzt die aus vorgegebenen Daten eine Anzahl Muster liefern (Kudraß, k.A., S. 2-6). Für das Data-Mining benötigt man (Kietz, 2009, S. 13):

- Einen Anwendungsfall der den Aufwand des DM rechtfertigt.
- Zu analysierende Daten. (z.B. Kunden-, Produktdaten, Data Warehouse)
- Die Idee für die Lösung des Problems mittels DM. (Verfahren, Algorithmen)
- Tools für die verschiedenen Aufgaben des DM.

Zusammenfassend lässt sich DM als ein Schritt von vielen auf dem Weg von Daten zur Entdeckung von Mustern (in diesen Daten) beschreiben (Morik, 2008, S. 14). Die verwendeten Methoden und Techniken des DM-Prozesses werden äquivalent auch beim SDM angewendet und daher im Kapitel 4 näher erläutert.

3   Geographische Informationssysteme

Da *„Spatial Data-Mining"* das DM mit Geographischen Informationssystemen verbindet (Professur für Geodäsie und Geoinformatik (GG) der Universität Rostock, 2003), wird der Autor in diesem Abschnitt einen Überblick zu diesen Systemen geben.

Ein Geographisches Informationssystem ist ein

> *„…System aus Computer-Software, Hardware und Daten sowie Personen, die auf einen bestimmten Ort bezogene Daten aufnehmen, verändern, analysieren und darstellen."* (Institut für Städtebau und Landesplanung, 2011)

GIS dienen der Daten-Aufbereitung und –Darstellung. Das heißt, dass GIS entweder vor dem eigentlichen Prozess des DM (zur Datenaufbereitung) oder danach (zur Daten-Darstellung) eingesetzt werden (Mandl, 2003, S. 9). Die Geovisualisierung dient der graphischen Abbildung von Geoobjekten samt dem Geowissen auf einer Projektionsoberfläche (Meng, 2003, S. 3).

Dabei kommen verschiedene Techniken zum Einsatz. Zur Verdeutlichung von Daten können bspw. Landkarten in der Form verändert werden, dass die geographischen Regionen in Ihren Ausmaßen die Daten wiedergeben. Ein Beispiel hierfür ist auf Abbildung 3 dargestellt. Die Abb. zeigt die weltweite HIV (Humane Immundefizienz-Virus) –Verbreitung und wurde mit dem Tool *„Worldmapper"* (SASI Group (University

Abbildung 3 HIV Prevalence (Quelle: www.worldmapper.org)

of Sheffield), 2003) erstellt. Eine zweite Möglichlichkeit ist die Einfärbung von Karten

Abbildung 4 Planung Biogasanlage (Quelle: www.biogaseinspeisung.de)

und Hinterlegung von Informationen ohne Änderung der Proportionen. Siehe dazu Abbildung 4 welche die Planung einer Biogasanlage darstellt.

3.1 GIS-Software

Es gibt vielfältige GIS-Software-Lösungen, als Beispiel sei hier auf den Hersteller *„ESRI"* verwiesen der bspw. mit dem Produkt *„ArcGIS"* eine komplette Produktfamilie aus sich ergänzenden GIS Bausteinen anbietet (Esri Deutschland GmbH, 2011). (siehe Abbildung 5) Jedoch existieren auch frei-nutzbare Softwarelösungen (zur nicht kommerziellen Nutzung). Ein Beispiel ist der „Karten-Explorer" vom Friedrich-Loeffler-Institut (Friedrich-Loeffler-Institut - Bundesforschungsinstitut für Tiergesundheit, 2011). Insbesondere für das Betriebssystem Linux gibt es auch komplett

Abbildung 5 Komponentenübersicht ArcGIS (Quelle: www.esri.de)

kostenlose Software-Lösungen wie *„OpenMap"* uvm. (OpenSourceGIS.org, 2011)

Zusammenfassend lassen sich GIS als Systeme beschreiben die geographische Informationen (*„wo Dinge sind"*) mit beschreibenden Informationen (*„was Dinge sind"*) verknüpfen (ESRI, 2008, S. 5).

3.2   Datentypen

Unabhängig von der verwendeten Software-Lösung verarbeiten GIS zwei Datentypen, räumliche (*„spatial"*) und nicht-räumliche (*„non-spatial"*) Daten. Nicht-räumliche Daten sind demnach beschreibende Attribute oder Sachdaten von Objektgruppen. Moderne GIS speichern diese oftmals getrennt von den räumlichen Daten in eigenen Dateien (Tabellen). Beispiele für *„non-spatial"* Daten sind Name, Bevölkerung und Kriminalitätsrate einer Stadt (Gäbler, 2010, S. 11).

Die topologischen (raumbezogenen, räumlichen) Daten werden Ihrer Struktur nach unterschieden. Es gibt demnach Raster- und Vektordaten, wobei Vektordaten als digitale Daten in Form von Linien, Punkten oder Polygonen mit geographischer Lage vorliegen. Im Gegensatz zu Rasterdaten sind Vektordaten stufenlos „zoombar" (WorldLingo, 2011), (MiMi.hu, 2011).

Rasterdaten hingegen bestehen aus einer Kombination von Pixeln (Bildelementen oder Bildpunkten). Jeder Pixel kann einen anderen Farbton haben um Sie unterscheidbar zu machen. Rasterdaten entstehen i.d.R. durch Scannen von Karten, Plänen, Luftbildern oder direkt durch digitale Kameras (z.B. Satellitenaufnahmen) (MiMi.hu, 2011), (WorldLingo, 2011).

4 Spatial Data-Mining

Ein vielzitiertes Beispiel für SDM ist die in den Jahren 1854 bis 1855 in London aufgetretene Cholera Epidemie. John Snow (siehe Abbildung 6), ein englischer Arzt, erkannte unter Benutzung der Methoden des SDM die Ursache dieser Krankheit (Gäbler, 2010, S. 2). Er identifizierte den verseuchten – und damit den Epidemie auslösenden – Trinkwasserbrunnen indem er die auftretenden Krankheitsfälle auf einer Karte einzeichnete und anschließend die zur Trinkwasserversorgung genutzten Brunnen in dieselbe Karte übertrug. Ein Ausschnitt der von Snow erstellten Karte ist

Abbildung 6 John Snow (Quelle: www.wikimedia.org)

in Abbildung 7 dargestellt. Die schwarzen Balken sind die Anzahl der gezählten Todesfälle an der entsprechenden Adresse. Der rote Punkt markiert den besagten Brunnen. Snows' Ergebnis gilt als eine der ersten räumlichen Analysen (Fortin & Dale, 2005, S. 7). Damit hat Snow wohl das erste Geographische Informationssystem geschaffen und die erste „Spatial Data-Mining" Analyse durchgeführt.

SDM kann als „räumliches Datenschnüffeln" übersetzt werden (Professur für Geodäsie und Geoinformatik (GG) der Universität Rostock, 2003). Wie bereits erwähnt ist „Spatial Data-Mining" die Verknüpfung von herkömmlichem DM mit GIS (vgl. Kapitel 1). SDM bezeichnet ferner

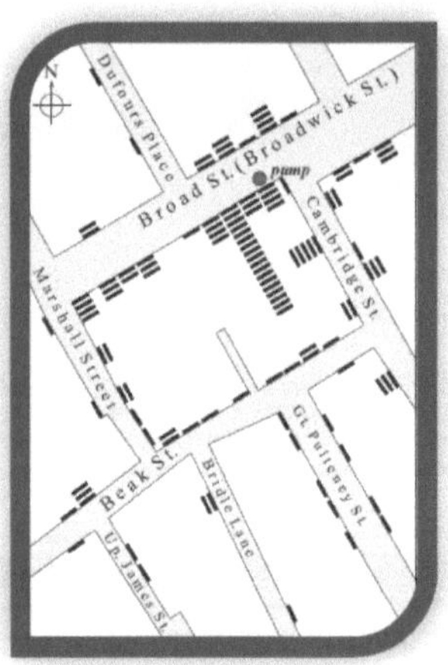

Abbildung 7 Auszug der Originalkarte von John Snow (Quelle: The Open University)

„...die Nutzung aller Informationspotenziale von raumbezogenen Daten für Analysen und für die Gewinnung neuer Informationen." (Professur für Geodäsie und Geoinformatik (GG) der Universität Rostock, 2003).

Die erklärten Ziele des SDM sind u.a. die Erkennung räumlicher Cluster, verursachender Objekte und die Erklärung verantwortlicher Faktoren. Der Hauptunterschied zwischen Data-Mining in relationalen Datenbanksystemen (DBS) und SDM ist die Einbeziehung von benachbarten Objekten, da diese aufgrund der räumlichen Nähe einen Einfluss aufeinander haben können (Kriegel, k.A.). Natürlich ist das angestrebte Ergebnis ebenfalls die Entdeckung interessanter, vorher unbekannter Muster, hier in großen räumlichen Datenbanken. Aufgrund der

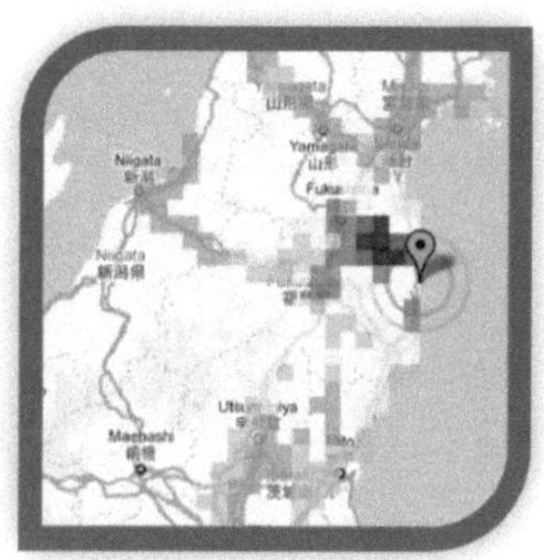

Abbildung 4 Ausbreitung Radioaktivität Fukushima (Quelle: www.scientificamerican.com)

höheren Komplexität räumlicher Datenarten, Ihrer Beziehungen und der räumlichen Autokorrelation gestaltet es sich deutlich schwieriger diese Muster zu extrahieren (Shekhar, Zhang, Huang, & Vatsavai, 2003, S. 4-5). Man spricht von Autokorrelation wenn bei Ausprägung nur eines Merkmals im Zeitablauf ein Zusammenhang der Ergebniswerte beobachtet werden kann (Statista GmbH, k.A.). Ein Beispiel hierfür ist die Ausbreitung der radioaktiven Wolke nach dem Reaktorunglück in Fukushima. Auf Abbildung 4 sind mehrere Szenarien der radioaktiven Verschmutzung in Abhängigkeit der Stärke und Richtung des Winds dargestellt. Es sind fünf verschiedene Szenarien erkennbar. Jedoch wird nicht in zwei verschiedenen Szenarien plötzlich in einem Szenario eine um ein vielfaches höhere Gesamtradioaktivität auftreten. Denn die Ausgangsmenge der maximal austretenden Radioaktivität ist dieselbe.

Der Unterschied zwischen DM in relationalen und DM in räumlichen DBS ist also der mögliche Einfluss realer Objekte auf benachbarte Objekte. Die räumlichen Daten besitzen implizite Beziehungen zueinander. Diese können topologisch, metrisch oder gerichtet sein. Detailliert sind die topologischen Beziehungen in der Tabelle 1 dargestellt.

Beziehungsart	Beziehung A zu B	Graphisch
topologisch	**Disjoint/Distjunkt:** A und B weisen keine Schnittfläche auf	
	Meet: A und B berühren sich an den Grenzlinien	
	Overlap: A und B überlappen sich	
	Contains: A beinhaltet B	
	Inside: A ist innerhalb B	
	Covers: A überdeckt B	
	Covered by: B überdeckt A	
	Equal: A ist gleich B	

Tabelle 1 topologische Datenbeziehungen (In Anlehnung an www.gitta.info)

Mögliche metrische und gerichtete Beziehungen sind in Tabelle 2 dargestellt.

Beziehungsart	Beziehung A zu B
metrisch	(Entfernung A zu B) = 0
	(Entfernung A zu B) = C
	(Entfernung A zu B) </> C
gerichtet	A [Richtung] von B
	[Richtung] = [north, east, south, west, northeast, … , any_direction]

Tabelle 2 Auszug metrische und gerichtete Beziehungen

Diese vorgenannten Nachbarschaftsbeziehungen können beliebig miteinander verknüpft werden. Dadurch entstehen sogenannte *„Spatial Neighborhood Relations"* (Nachbarschaftsbeziehungen). Die Auswertung dieser Relationen stellt die Basis des SDM dar (Shekhar, Zhang, Huang, & Vatsavai, 2003, S. 4). Das erfordert eine leistungsfähigere Verarbeitung und Implementierung der zur Datenverarbeitung und –aufarbeitung genutzten Algorithmen als bei relationalen Daten. Denn hier sind die

Daten sind nicht wie beim klassischen DM unabhängig voneinander (Gäbler, 2010, S. 13).

4.1 Methoden und Techniken

Wie bereits im Kapitel 2 erwähnt sind die grundsätzlichen Methoden des DM auch beim SDM vorhanden. Das umfasst das (spatial) Clustering, die (räumliche) Klassifikation sowie die (räumliche) Assoziationsanalyse. Darüber hinaus gibt es noch spezielle *„Spatial Data-Mining-Methoden"* (Gäbler, 2010, S. 25). Hier sind die *„Co-Location Analyse"* und die *„räumliche Trendanalyse"* zu nennen, welche jedoch nur kurz beschrieben werden. Nachfolgend werden die erwähnten Methoden erläutert. Zu bemerken ist, dass im Rahmen dieser Arbeit lediglich ein Einblick gegeben werden kann.

4.1.1 Spatial Clustering

Unter *„Spatial Clustering"* versteht man das Gruppieren von Datenbankobjekten in sinnvolle Cluster (=Unterklassen). Dabei steht eine möglichst hohe Ähnlichkeit der Objekte eines Clusters im Vordergrund. Wo hingegen sich die verschiedenen Cluster möglichst deutlich voneinander unterscheiden sollen (Shekhar, Zhang, Huang, & Vatsavai, 2003, S. 15). Ein nennenswerter Vorteil ist die der Autokorrelation zuzuschreibende Tatsache dass sich bei räumlichen Daten eher Cluster bilden als zufällige Objektgruppen (Gäbler, 2010, S. 26). Darüber hinaus kann die Objektähnlichkeit und das nachfolgende *„clustern"* (gruppieren) auch durch sogenannte Qualitätsfunktionen (Abstands- oder Distanzfunktionen unterschiedlich je nach Anwendung) vorgenommen werden. Hier gibt es viele Ansätze und Weiterentwicklungen wie *„Euklidischer Abstand"* oder *„Nearest-neighbor"* um nur zwei zu nennen. Die gewählte Abstandsfunktion ist hierbei entscheidend für das Ergebnis (Önder, 2003-2004, S. 5-10).

4.1.2 Räumliche Klassifikation

Die räumliche Klassifikation erfordert eine bereits vorhandene Klassifizierung einiger Objekte, da diese (vorhandenen) Klassen – insbesondere deren Attribute – in die Entscheidungsfindung einfließen. Es wird hier versucht ein Objekt anhand seiner Attribute, unter Berücksichtigung der Attribute räumlicher Nachbarn und der räumlichen Beziehung zwischen Objekten, einer (bereits vorhandenen oder neuen)

Klasse zuzuweisen. Die Klassenzuordnung geschieht bspw. bei Rasterdaten durch Farbwertzuordnung (Gäbler, 2010, S. 34-36).

4.1.3 Räumliche Assoziationsanalyse

Mit der räumlichen Abhängigkeitsanalyse sucht man nach (Assoziations)-Regeln die Beziehungen zwischen *„spatial"* und *„non-spatial"* Attributen eines Objekts oder mehrerer Objekte beschreiben. Diese Regeln sind implizit. Das heißt aus *Prädikat_A* und *Prädikat_B* folgt *C*, unter Angabe von Unterstützung = *Support* [s] und Vertrauen = *Confidence* [c]:

allgemein:				
{Prädikat A}	&	{Prädikat B} →	{Eigenschaft C}	[s%, c%]
Beispiel:				
{ist_eine(X,'Großstadt')}	&	{ist_nah_bei(X,'Meer')} →	{besitzt(X,'Hafen')}	[s=10%,c=90%]

Tabelle 3 räumliche Assoziationsanalyse (in Anlehnung an: www.wikis.gm.fh-koeln.de)

Das in Tabelle 3 dargestellte *„Stadt-Beispiel"* besagt in diesem Fall, dass in 10% aller Fälle eine Großstadt nah am Meer liegt und darüber hinaus in 90% der Fälle in denen eine Großstadt am Meer liegt diese einen Hafen besitzt. Daraus leitet sich eine Objekt-Beziehung ab. Eine räumliche Assoziation erfordert mindestens ein *„spatial"* Prädikat (hier *ist_nah_bei*). Ansonsten handelt es sich um eine ‚normale' Assoziationsregel (FH Köln, Campus Gummersbach, 2011).

4.1.4 Spezielle SDM-Methoden

4.1.4.1 Co-Location Analyse

Spatial Co-Location-Regeln beschreiben mehrfaches Auftreten von räumlichen Eigenschaften (Features) in einer räumlichen Umgebung. Daher das Vorhandensein oder Nichtvorhandensein einer räumlichen Eigenschaft. (z.B. symbiotische Lebensgemeinschaften wie Clownfisch & Seeanemone) (Gäbler, 2010, S. 40-41)

4.1.4.2 Räumliche Trend Analyse

Hierbei werden Tendenzen und Änderungen in Daten entlang einer oder mehrerer räumlicher Dimensionen gesucht. Ein Beispiel wäre hier die Änderung von Durchschnitts-Mietpreisen ausgehend vom Startobjekt Innenstadt (Gäbler, 2010, S. 42-45).

4.2 Anwendungsgebiete

Alle Anwendungsbereiche mit räumlichen Daten erfordern die Technik des SDM. Dazu gehören natürlich Problemstellungen aus dem Marketingbereich und speziell der Marktforschung um z.B. Kundensegmentierungen durchzuführen. Ferner wird SDM jedoch auch in anderen Bereichen eingesetzt. Dazu zählt u.a. die Forschung bei Seuchenausbreitungen wie der Schweinegrippe in den USA (VolkswagenStiftung, 2009), die Prognose von Straßennutzungen (idw - Fraunhofer-Gesellschaft, 2005) oder auch die Erforschung von Katastrophen wie das angedeutete Beispiel der Reaktorkatastrophe von Fukushima. Weiter zu nennen sind Anwendungen in den Bereichen (ESRI, 2008, S. 2-10), (Schmid, k.A.):

- Navigationssysteme: z.B. Routenberechnung
- Klimaforschung: z.B. Sturmvorhersage
- Umweltstudien: z.B. Umweltverschmutzung nach Region
- Verbrechensbekämpfung: z.B. Tätererkennung

5   Spatial Data-Mining und Epidemien

Dieses Kapitel behandelt mit der Epidemie-Forschung einen speziellen Anwendungsfall des *„Spatial Data-Mining"*. Bereits erwähnt wurde, dass die Entstehung des SDM eng mit der Epidemie-Forschung verknüpft ist (Cholera Epidemie in London 1854-1855). Eine Epidemie bezeichnet die Massenerkrankung eines Landstrichs, Epidemien sind zeitlich und örtlich begrenzt. Wenn sich eine Epidemie über Landes- und Kontinentalgrenzen hinweg ausbreitet (d.h. weltweit auftritt) spricht man von einer Pandemie (Jessel, k.A.).

Epidemien und Pandemien begleiten die Menschheit seit jeher, Schätzungen zufolge sind Grippe-Pandemien seit dem 16. Jahrhundert 30-mal aufgetreten. Der Pest bspw. fielen zwischen 1347 und 1353 25 bis 50 Millionen Menschen zum Opfer, nämlich rund ein Drittel der vorhandenen europäischen und vorderasiatischen Bevölkerung (Wagner, 2011). Alleine im 20. Jahrhundert kam es dreimal zu Pandemien. 1918 forderte die *„Spanische Grippe"* 25 bis 50 Millionen Todesopfer, 1957 starben etwa eine Million Menschen an der *„Asiatischen Grippe"* und durch die *„Hongkong-Grippe"* fanden im Jahr 1968 noch 700.000 Menschen den Tot (Hamburger Abendblatt, 2009). Der fallende Trend der Opferzahlen belegt die Fortschritte der medizinischen Forschung.

Seit dem Mittelalter hat sich die Menschheit enorm weiter entwickelt. Die medizinische Forschung kann große Erfolge vorweisen, das Gesundheitswesen ist eines der herausragenden Forschungsgebiete der Gesellschaft (IBM Software Group; Cognos Software, 2010). In den letzten drei Jahrzehnten hat ebenfalls die Informationstechnologie Quantensprünge vollzogen. Daher sollte man meinen die Erreger von Epidemien würden mit der Zeit wie von selbst verschwinden. Doch dem ist nicht so.

Auf der anderen Seite gibt es evolutionär bedingt auch negative Faktoren. In den letzten 40 Jahren hat sich die Weltbevölkerung nahezu verdoppelt, der Anteil der Menschen die in Städten – d.h. auf engerem Raum – leben ist gestiegen und vor allem globalisierungsbedingt reisen Menschen häufiger und weiter (Boni, et al., 2009). Daher bieten sich viel mehr Kontakte zwischen Menschen die die eine Ansteckungen und damit die (globale) Ausbreitung von Erregern begünstigen.

Ein weiterer Aspekt ist die fortlaufende Anpassung der Erreger durch Mutation. Dadurch treten immer komplexere, aggressivere und teilweise resistente Erregerstämme auf. Das begünstigt dann wiederum neue Ausbreitungswege wie bspw. die Übertragung zwischen Mensch und Tier. Ein Beispiel dafür ist die Variante der Schweinegrippe H1N1 welche von Menschen auf Schweine übertragbar ist (Boni, et al., 2009).

Aufgrund der trotz Forschungserfolgen steigenden Bedrohungen liegt es nahe, die Technologiefortschritte verschiedener Forschungsbereiche zu kombinieren. Dies gelingt bereits mehrfach erfolgreich. So wurden Verlauf und Ausbreitung der Schweinegrippe (H1N1) mit Hilfe der Methoden des SDM besser rekonstruiert als dies vorher möglich war. Wie der zitierte Artikel „Modelling the progression of pandemic influenza A (H1N1) in Vietnam and the opportunities for reassortment with other influenza viruses" zeigt, bringt vor allem die Einbeziehung räumlicher Daten (wie hier z.B. Flugdaten) enorme Fortschritte und neue Erkenntnisse bezüglich der Verbreitungswege und des Krankheitsverlaufs von Epidemien. So lässt sich am Beispiel Vietnam deutlich erkennen wie die Infektion von Ihrem

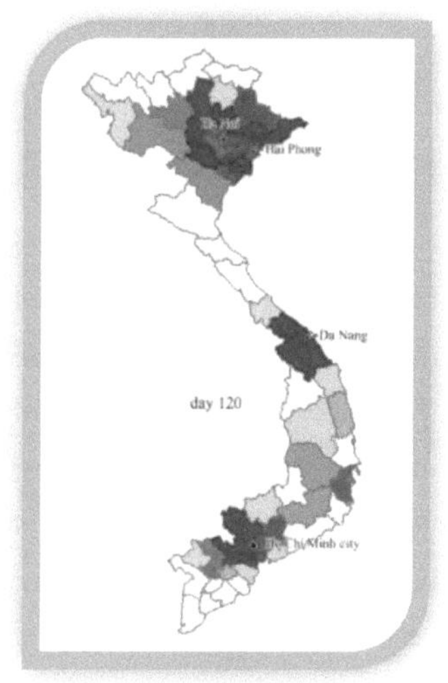

Abbildung 5 120. Tag H1N1 (Quelle: BioMed Central)

Ursprung (Ho Chi Minh City) durch Reisende weiter getragen wird und sich dadurch drei Hauptinfektionsregionen bilden (Ho Chi Minh City, Da Nang und Ha Noi, siehe Abbildung 5). Wo hingegen Landstriche zwischen diesen Metropolregionen sogar komplett verschont wurden (Boni, et al., 2009, S. Figure 4).

Ein anderer Anwendungsfall des SDM sind die Untersuchungen einer Arbeitsgruppe für Geoinformationssysteme in Deutschland. Die Experten um Dr. Thomas Kistemann (Geograph und Oberarzt am Hygieneinstitut der Universität Bonn) haben mit Hilfe von Software

> *„…die Verbreitung der Tuberkulose in Köln auf Stadtbezirksebene untersucht."*
> (idw - Universität Bonn, 2007)

Das Ergebnis dieses Projekts zeigt z.B. dass die Tuberkulose

> *„…vor allem in Bezirken mit einem hohen türkischen Bevölkerungsanteil ein Problem…"* (idw - Universität Bonn, 2007)

darstellt. Das ist u.a. ein Hinweis auf die mangelnde Integration einiger Bevölkerungsteile.

Einem anderen interessanten Ansatz folgt der Suchmaschinengigant Google. Unter dem Begriff *„Flu Trends"* findet man ein Modell zur Grippe-Prognostizierung, welches räumliche Daten (Herkunft der Suchanfragen) mit nicht-räumlichen Daten (Suchbegriffen) verknüpft. Daher kann man auch hier von *„Spatial Data-Mining"* sprechen. Es sind jedoch noch hohe Ungenauigkeiten vorhanden, denn nicht jeder der nach dem Begriff „Grippe" sucht ist auch erkältet. Doch immerhin wird das Projekt von der Stiftung Google.org in Zusammenarbeit mit dem amerikanischen Zentrum für Seuchenkontrolle (CDC) entwickelt und kann die vorhandenen, etablierten Systeme unterstützen (Biermann, 2009).

6 Fazit

Bedingt durch den automatisch wachsenden „Datenberg" aus immer mehr verknüpften Daten als Resultat der vereinfachten Speicherung dieser Daten und der Weiterentwicklung der Datensammlungsmethoden gewinnt der Prozess der Wissensentdeckung in Datenbeständen immer mehr an Bedeutung. Die für die Extrahierung von sinnvollen und nutzbaren Informationen verwendeten Analysewerkzeuge werden zukünftig eine immer wichtigere Rolle spielen.

Vor allem die Erfassung von räumlichen Daten wächst exponentiell. Denn diese werden durch die steigende Verbreitung aktueller Technologien wie „Smartphones" oder GPS (Global Positioning System) in nie dagewesener Menge generiert. So verfügen Mobilfunknetzbetreiber ebenso wie Mobiltelefonhersteller bereits heutzutage über einen gewaltigen Berg an Bewegungsdaten bzw. Bewegungsprofilen. Das alles unterstreicht die Tatsache dass die Menge der erfassten Daten in Zukunft exponentiell wachsen wird. Daher wird dem Teil-Prozess des „Spatial Data-Mining" im Gesamtprozess der Wissensentdeckung eine wachsende Bedeutung widerfahren. Insofern darf die Weiterentwicklung dieses Forschungsgebiets nicht vernachlässigt werden.

Der Bereich der Seuchenbekämpfung und Epidemie-Forschung ist vor allem aufgrund der engen Verflechtung von „spatial" und „non-spatial" Daten perfekt für die Anwendung des "Spatial Data-Mining" geschaffen. In diesem Bereich werden die räumlichen Daten — u.a. der fortschreitenden Globalisierung geschuldet — fortwährend an Bedeutung gewinnen. Die erläuterten Methoden des Clustering, der Klassifizierung und der Assoziationsanalyse können (und werden) uns zukünftig helfen entstehende Epidemien besser zu kontrollieren, Gefahren frühzeitiger zu erkennen und besser zu prognostizieren.

Die im Kapitel 5 beschriebenen Anwendungsfälle lassen durch Ihre Ergebnisse bereits heute im Ansatz den Wert des SDM erkennen.

Literaturverzeichnis

Bibliographisches Institut GmbH . (2011). *Duden: Data-Mining, Datamining, das.* Abgerufen am 10. 12 2011 von http://www.duden.de/rechtschreibung/Data_Mining#block_2

Biermann, K. (04. 04 2009). *Data-Mining: Google sucht Grippen.* Abgerufen am 22. 12 2011 von http://www.zeit.de/online/2008/47/google-flu-trends

Boni, M. F., Manh, B. H., Thai, P. Q., Farrar, J., Hien, T. T., Hien, N. T., et al. (03. 09 2009). Modelling the progression of pandemic influenza A (H1N1) in Vietnam and the opportunities for reassortment with other influenza viruses. *BMC Medicine 7: 43 doi:10.1186/1741-7015-7-43.*

DATACOM Buchverlag GmbH. (2011). *ITwissen.info: Mooresches Gesetz.* Abgerufen am 03. 12 2011 von http://www.itwissen.info/definition/lexikon/Mooresches-Gesetz-Moores-law.html

Dürr, H. (2004). *Anwendungen des Data Mining in der Praxis.* Ulm: Universität Ulm.

Dürr, H., & Schweigert, P. D. (2004). *Anwendungen des Data Mining in der Praxis.* Ulm: Universität Ulm.

ESRI. (2008). *Geography Matters - An ESRI White Paper.* New York: ESRI.

Esri Deutschland GmbH. (2011). *ArcGIS: Das umfassende GeoInformationssystem.* Abgerufen am 20. 12 2011 von http://esri.de/products/arcgis/index.html

Fayyad, U. M., Piaetsky-Shapiro, G., & Smyth, P. (1996). From Data Mining to Knowledge Discovery: An Overview. *AI Magazine (AAAI/MIT press. Cambridge),* S. 37-54.

FH Köln, Campus Gummersbach. (23. 03 2011). *Datenbanken Online Lexikon: Raeumliche-Assoziationsanalyse.* Abgerufen am 21. 12 2011 von http://wikis.gm.fh-koeln.de/wiki_db/Datenbanken/Raeumliche-Assoziationsanalyse

Fortin, M.-J., & Dale, M. R. (2005). *Spatial analysis: a guide for ecologists.* Cambridge, UK: Cambridge University Press.

Fraunhofer-Institut für Intelligente Analyse- und Informationssysteme IAIS. (2011). *Wissensentdeckung und Data Mining.* Abgerufen am 05. 12 2011 von http://www.iais.fraunhofer.de/1463.html?&L=0

Friedrich-Loeffler-Institut - Bundesforschungsinstitut für Tiergesundheit. (2011). *Karten-Explorer.* Abgerufen am 20. 12 2011 von http://fli.bund.de/kartenexplorer/

Gäbler, T. (2010). *Spatial Data Mining.* Leipzig: HTWK, Fakultät Informatik, Mathematik und Naturwissenschaften.

Hamburger Abendblatt. (27. 04 2009). *Pandemie, Epidemie - das ist der Unterschied.* Abgerufen am 22. 12 2011 von http://www.abendblatt.de/ratgeber/wissen/medizin/article994248/Pandemie-Epidemie-das-ist-der-Unterschied.html

IBM Software Group; Cognos Software. (2010). *Case Study: Das medizinische Labor Clotten nutzt aktuelle Data-Mining-Technologie von IBM für Serviceverbesserungen und medizinische Forschung.* Ehningen: IBM Deutschland GmbH.

idw - Fraunhofer-Gesellschaft. (30. 12 2005). *„Geschätzte" Passanten - Spatial Data Mining prognostiziert Straßennutzung ohne Verkehrszählung*. Abgerufen am 21. 12 2011 von http://www.geowissenschaften.de/wissen-aktuell-4031-2005-12-30.html

idw - Universität Bonn. (12. 11 2007). *Computer als Waffe gegen Epidemien*. Abgerufen am 22. 12 2011 von http://www.g-o.de/wissen-aktuell-7377-2007-11-12.html

Institut für Städtebau und Landesplanung. (2011). *GIS - ein wichtiges Werkzeug für Planungs- und Managementaufgaben*. Abgerufen am 20. 12 2011 von http://www.geoplaning.de/html/Gis/gis.htm

Jessel, S. (k.A.). *Epidemie und Pandemie: Viele Kranke überall - das Katastrophen-Szenario*. Abgerufen am 22. 12 2011 von http://www.stern.de/grippe/ueberblick/epidemie-und-pandemie-viele-kranke-ueberall-das-katastrophen-szenario-602307.html

Kietz, D. J.-U. (2009). *Data Mining zur Wissensgewinnung aus Datenbanken Teil 1: Überblick*. Institut für Informatik der Universität Zürich.

Kriegel, P. D.-P. (k.A.). *Spatial Data Mining*. Abgerufen am 21. 12 2011 von http://www.dbs.informatik.uni-muenchen.de/Forschung/KDD/SpatialKDD/

Kudraß, P. T. (k.A.). *Data Mining*. Leipzig: HTWK.

Mandl, P. (2003). Multi-Agenten-Simulation und Raum - Spielwiese oder tragfähiger Modellierungsansatz in der Geographie? In A. Koch, & P. Mandl, *Klagenfurter Geographische Schriften Heft 23* (S. 5-34). Institut für Geographie und Regionalforschung der Universität Klagenfurt.

Meng, L. (2003). *Rahmenbedingungen beim Einsatz von methoden und Techniken der Geovisualisierung*. Technische Universität München.

MiMi.hu. (2011). *MiMi.hu: Rasterdaten*. Abgerufen am 20. 12 2011 von http://de.mimi.hu/gis/rasterdaten.html

Morik, P. D. (2008). *Wissensentdeckung in Datenbanken / Data Mining*. Technische Universität Dortmund.

Önder, C. (2003-2004). *Hauptseminar Machine Learning*. Technische Universität München.

OpenSourceGIS.org. (2011). *The Future of GIS: Open Source GIS*. Abgerufen am 20. 12 2011 von http://opensourcegis.org/

Professur für Geodäsie und Geoinformatik (GG) der Universität Rostock. (04. 11 2003). *Spatial Data Mining*. Abgerufen am 15. 12 2011 von http://www.geoinformatik.uni-rostock.de/einzel.asp?ID=1402743800

SASI Group (University of Sheffield). (2003). *Worldmapper*. Abgerufen am 20. 12 2011 von http://www.worldmapper.org/display.php?selected=227

Schmid, J. (k.A.). *dynelytics: Artikel: Data Mining als Staatsaufgabe*. Abgerufen am 22. 12 2011 von http://www.spss.ch/file.php?file=/eupload/File/PDF/Netzguide%20E_Gov%20Data%20Mining%20als%20Staatsaufgabe.pdf

Schulze, D. (10. 02 2011). *Steria Mummert Consulting*. Abgerufen am 02. 12 2011 von http://www.steria-mummert.de/presse/pressearchiv/1.-quartal-2011/datenflut-zwingt-deutsche-unternehmen-zum-handeln10

Shekhar, S., Zhang, P., Huang, Y., & Vatsavai, R. R. (2003). *Trends in Spatial Data Mining.* Abgerufen am 15. 12 2011 von http://www.arcfuels.org/maggie/AGER%202011%20maggie%20Copy.Data/PDF/Shekhar%20Spatial%20Data%20Mining%20-0933327109/Shekhar%20Spatial%20Data%20Mining%20.pdf

Statista GmbH. (k.A.). *Autokorrelation.* Abgerufen am 21. 12 2011 von http://de.statista.com/statistik/lexikon/definition/28/autokorrelation/

Steria Mummert Consulting AG. (10. 02 2011). *Datenflut zwingt deutsche Unternehmen zum Handeln.* Abgerufen am 01. 12 2011 von http://www.steria-mummert.de/presse/pressearchiv/1.-quartal-2011/datenflut-zwingt-deutsche-unternehmen-zum-handeln10

Strobel, M. (19. 10 2009). Wir sind zuversichtlich, das Mooresche Gesetz noch eine ganze Weile erfüllen zu können. (MacGadget, Interviewer)

VolkswagenStiftung. (08. 05 2009). *Schweinegrippe: 4.000 Fälle in den USA prognostiziert-Simulationen helfen bei Verlaufsprognosen der Seuchenausbreitung.* Abgerufen am 21. 12 2011 von http://www.geowissenschaften.de/wissen-aktuell-9886-2009-05-08.html

Wagner, S. (12. 10 2011). *Der schwarze Tod - Das Genom des Pest-Erregers ist entschlüsselt.* Abgerufen am 21. 12 2011 von http://www.focus.de/wissen/wissenschaft/evolution/der-schwarze-tod-das-genom-des-pest-erregers-ist-entschluesselt_aid_674089.html

WorldLingo. (2011). *Geographisches Informationssystem.* Abgerufen am 20. 12 2011 von http://www.multilingualarchive.com/ma/enwiki/de/Geographic_information_system#Raster

Anhang

a) Foliensatz für die Präsentation

Gliederung

1. Data Mining / Wissensentdeckung
2. Geographische Informationssysteme (GIS)
3. Spatial Data Mining (SDM)
   - ☐ Methoden und Techniken
   - ☐ Anwendungsgebiete
4. SDM und Epidemien

II

Spatial Data Mining ... und Epidemien

- Wachsende Datenbestände / -volumen
- Steigende Rechenleistung
- Steigende Speicherkapazität

"Wir sind zuversichtlich,
das Mooresche Gesetz noch
eine ganze Weile erfüllen zu können"
(Strobel, 2009)

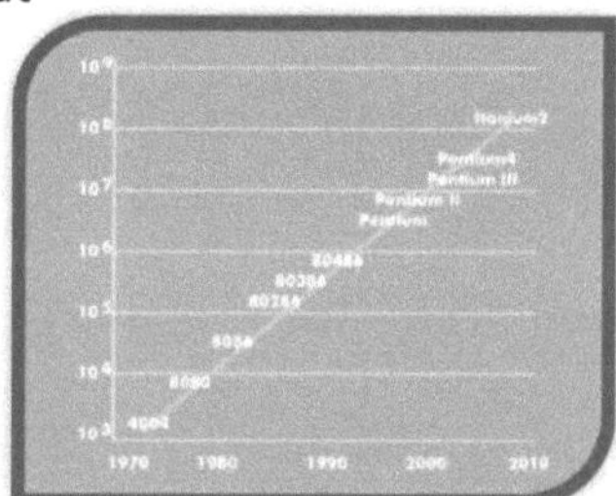

→ **WACHSTUM DATENVOLUMEN**

---

1. Data Mining / Wissensentdeckung

„Aktuelle Forschungsergebnisse legen nahe, dass künftig im Informationsmanagement
nicht der Einsatz von Technologien an sich, sondern die Art des Einsatzes den
Unterschied im Wettbewerb ausmachen wird" (Schulze, 2011)

Data Mining ist die

„nicht triviale Entdeckung gültiger, neuer, potentiell nützlicher und verständlicher
Muster in großen Datenbeständen" (Dürr, Anwendungen des Data Mining in der
Praxis, 2004, S. 2).

1. Data Mining / Wissensentdeckung

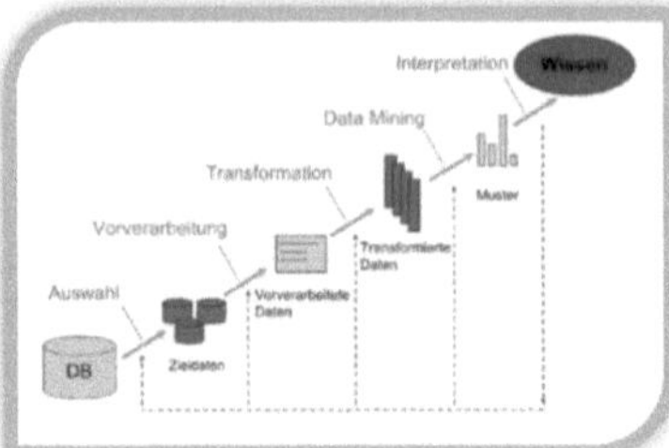

- Anwendungsfall
- Daten
- Lösungsansatz
- Tools

DATEN → WISSENSGEWINNUNG

"valid, novel, potentially useful, and ultimately understandable *patterns"*

2. Geo-Informationssysteme (GIS)

DATA MINING + GIS = SPATIAL DATA MINING

GIS ist ein

„...System aus Computer-Software, Hardware und Daten sowie Personen, die auf einen bestimmten Ort bezogene Daten aufnehmen, verändern, analysieren und darstellen." (Institut für Städtebau und Landesplanung, 2011)

2. Geo-Informationssysteme (GIS)

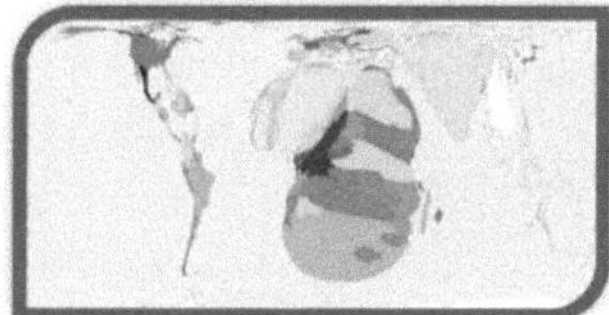

DATENTYPEN

„Non-spatial"

- Beschreibende Attribute

„spatial"

- Raster-Strukturen
- Vektor-Strukturen

3. Spatial Data Mining

Die „erste" Spatial Data Mining Analyse

London (1866)

Cholera

John Snow (Arzt)

- ☐ Identifizierung des verschmutzen Trinkwasserbrunnens
- ☐ Durch SDM Methoden

Snows' Karte

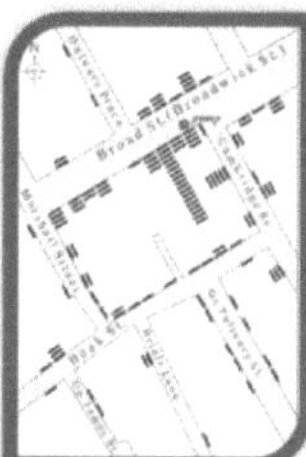

SDM bezeichnet

„…die Nutzung aller Informationspotenziale von raumbezogenen Daten für Analysen und für die Gewinnung neuer Informationen."
(Professur für Geodäsie und Geoinformatik (GG) der Universität Rostock, 2003)

3. Spatial Data Mining - Ziele

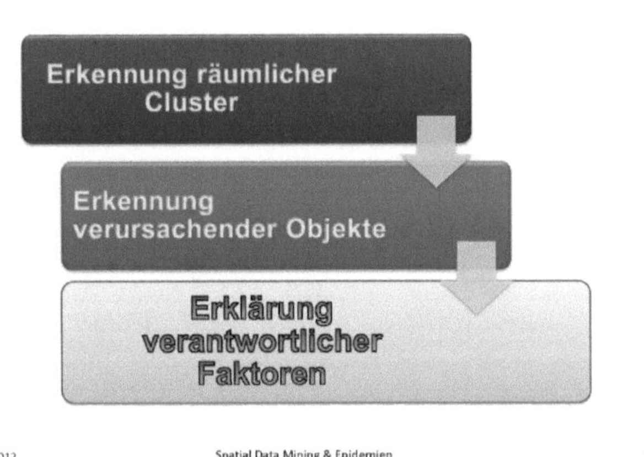

3. Spatial Data Mining - Methoden

- Spatial Clustering
  - Unterscheidungsmerkmale → Gruppieren

- Räumliche Klassifizierung
  - Attribute → Klassenzuordnung

- Räumliche Assoziationsanalyse
  - {*Prädikat_A*} **&** {*Prädikat_B*} → *C* [*s%, c%*]

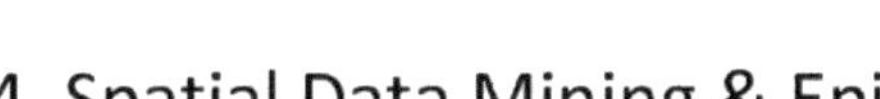

4. Spatial Data Mining & Epidemien

■ Epidemien & Pandemien

☐ 1353	„Pest"	**25-50 Mio. Tote**
☐ 1918	„Spanische Grippe"	**25-50 Mio. Tote**
☐ 1957	„Asiatische Grippe"	**~1 Mio. Tote**
☐ 1968	„Hongkong Grippe"	**700.000 Tote**

4. Spatial Data Mining & Epidemien

Entwicklung

Positiv	Negativ
■ Fortschritt medizinische Forschung	■ Verdoppelung der Weltbevölkerung
■ Fortschritt Technologie allgemein	■ Städtwachstum
	■ „Reise-Intensivierung" (Globalisierung)
	■ Mutation von Erregerstämmen

→ MEHR KONTAKTE
→ HÖHERE ANSTECKUNGS- & VERBREITUNGSGEFAHR

4. Spatial Data Mining & Epidemien

Anwendungsbeispiel

- **Influenza A (H1N1)**
- **Betrachtung: Vietnam**

  - 3 Infektionsschwerpunkte
  - Verbreitung durch Reisende
  - Landstriche ohne Infektionen

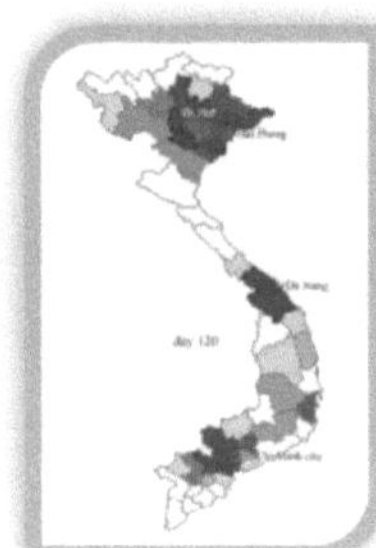

Vielen Dank für Ihre Aufmerksamkeit!

Fragen?

b) Inhalt des Datenträgers

Verzeichnisstruktur

\FINAL
\FINAL\media
\FINAL\sources
\FINAL\sources\books
\FINAL\sources\nur_informativ
\FINAL\sources\online
\FINAL\sources\other
\FINAL\sources\tools
\FINAL\sources\tools\ArcMap
\FINAL\sources\tools\ArcMap\cholera_Arc9.zip
\FINAL\sources\tools\ArcMap\Diseases_ArcMap.ZIP
\FINAL\sources\tools\ArcMap\H1N1_Arc9.zip
\FINAL\sources\tools\ArcMap\TB_Arc9.zip

Dateiliste

Name	Typ
\FINAL	
media	Dateiordner
sources	Dateiordner
Präsentation_SDM_Hillen_FINAL.pdf	Adobe Acrobat-Dokument
Präsentation_SDM_Hillen_FINAL_Office2003.ppt	Microsoft PowerPoint 97-2003-Präsentation
Präsentation_SDM_Hillen_FINAL_Office2010.pptx	Microsoft PowerPoint-Präsentation
Spatial Data Mining - Hillen_FINAL.pdf	Adobe Acrobat-Dokument
Spatial Data Mining - Hillen_FINAL_Office2003.doc	Microsoft Word 97-2003-Dokument
Spatial Data Mining - Hillen_FINAL_Office2010.docx	Microsoft Word-Dokument
\FINAL\media	
14923z8wb92uwa6_Image renjith krishnan FreeDigitalPhotos.net.jpg	JPEG-Bild
3379356117_e9552e2022(http_farm4_static_flickr_com).jpg	JPEG-Bild
arcgis_diagram(www.esri.de).jpg	JPEG-Bild
Auszug_Figure4(BioMed Central).png	PNG-Bild
Bild1.png	PNG-Bild
Bild2.jpg	JPEG-Bild
Bild3.png	PNG-Bild
Bild4.jpg	JPEG-Bild
Cholera Cases(www.worldmapper.org).png	PNG-Bild
cholera-london(QuelleUniversityOfPortsmouth).gif	GIF-Bild
cover.jpg	JPEG-Bild
DataMiningPic_(www_bgc-jena_mpg_de).jpg	JPEG-Bild
disclabel.cld	CD-LabelPrint Document
entwicklung-der-aktiven-bauelemente-auf-intel-cpus-nach-dem-mooreschen-gesetz(itwissen.info).png	PNG-Bild
HIV Prevalence (www_worldmapper.org).png	PNG-Bild
hyper1_Quelle_www_3_bp_blogspot.jpg	JPEG-Bild
Influenza Outbrakes (www.worldmapper.org).png	PNG-Bild
John_Snow(www.wikimedia.org).jpg	JPEG-Bild
kdd-prozess(www_enzyklopaedie-der-	JPEG-Bild

wirtschaftsinformatik_de).jpg	
Malaria Cases(www.worldmapper.org).png	PNG-Bild
Präsi_JPGs.rar	WinRAR archive
Prozesskette_GIS(www.biogaseinspeisung.de).jpg	JPEG-Bild
safecast-open-information_1_fukushima(www.scientificamerican.com).jpg	JPEG-Bild
snow_cholera_map_theOpenUniversity.jpg	JPEG-Bild
\FINAL\sources	
books	Dateiordner
nur_informativ	Dateiordner
online	Dateiordner
other	Dateiordner
tools	Dateiordner
\FINAL\sources\books	
Data Mining Concepts and Techniques - Jiawei Han, Micheline Kamber, Jian Pei - Google Bücher.URL	Internetverknüpfung
Data Mining Concepts, Models ... - Mehmed Kantardzic - Google Bücher.URL	Internetverknüpfung
Knowledge Discovery in Spatial Data - Yee Leung - Google Bücher.URL	Internetverknüpfung
Spatial database systems design ... - Albert K. W. Yeung, G. Brent Hall - Google Bücher.URL	Internetverknüpfung
The Handbook of Data Mining - Nong Ye - Google Bücher.URL	Internetverknüpfung
\FINAL\sources\nur_informativ	
@fraglich.rar	WinRAR archive
data mining da.pdf	Adobe Acrobat-Dokument
Dichte-basierte Clusteringverfahren.pdf	Adobe Acrobat-Dokument
Estivill-Castro - Spatial Data Mining lect11-new.pdf	Adobe Acrobat-Dokument
Geospatial Data Mining.pdf	Adobe Acrobat-Dokument
Marmara Universitaet.URL	Internetverknüpfung
Spatial Data Mining.pdf	Adobe Acrobat-Dokument
SPATIAL DATA MINING-aa-marmara.pdf	Adobe Acrobat-Dokument
\FINAL\sources\online	
Spatical Data Mining 20040909 Ppt Presentation.URL	Internetverknüpfung
Vorlesung Data Mining zur Wissensgewinnung in Datenbanken.URL	Internetverknüpfung
wikis_gm_fh_koeln_de_wiki_db_Datenbanken_Spatial_Data_Mining.pdf	Adobe Acrobat-Dokument
www_dbs_informatik_uni_muenchen_de_Forschung_KDD_SpatialKDD.pdf	Adobe Acrobat-Dokument
www_g_o_de_wissen_aktuell_7377_2007_11_12_html.pdf	Adobe Acrobat-Dokument
www_geoinformatik_uni_rostock_de_einzel_asp_ID_1402743800.pdf	Adobe Acrobat-Dokument
www_iais_fraunhofer_de_1463_html__L_0.pdf	Adobe Acrobat-Dokument
www_kd_iai_uni_bonn_de_index_php_page_teaching_details_id_11.pdf	Adobe Acrobat-Dokument
www_scinexx_de_wissen_aktuell_4031_2005_12_30_html.pdf	Adobe Acrobat-Dokument
www_spatial_cs_umn_edu_sdm_html.pdf	Adobe Acrobat-Dokument
www_steria_mummert_de_presse_pressearchiv_1__quartal_2011_da.pdf	Adobe Acrobat-Dokument
www_wisegeek_com_what_is_spatial_data_mining_htm.pdf	Adobe Acrobat-Dokument
www_zeit_de_online_2008_47_google_flu_trends.pdf	Adobe Acrobat-Dokument
\FINAL\sources\other	
@SelfOrganizingMaps.rar	WinRAR archive
3-Trends in Spatial Data Mining.pdf	Adobe Acrobat-Dokument
14-Anwendung.pdf	Adobe Acrobat-Dokument
ausarbeitung3.pdf	Adobe Acrobat-Dokument

cholera_case_study.pdf	Adobe Acrobat-Dokument
Data Mining Concepts and technics.pdf	Adobe Acrobat-Dokument
Data Mining.pdf	Adobe Acrobat-Dokument
duerr - Anwendungen des Data Mining in der Praxis PRÄSI.pdf	Adobe Acrobat-Dokument
duerr - Anwendungen des Data Mining in der Praxis.pdf	Adobe Acrobat-Dokument
esri-2009-anwendung.pdf	Adobe Acrobat-Dokument
From Data Mining to.pdf	Adobe Acrobat-Dokument
Gaebler - 10-Spatial_Data_Mining.pdf	Adobe Acrobat-Dokument
geography-matters.pdf	Adobe Acrobat-Dokument
IBM CS-Clotten.pdf	Adobe Acrobat-Dokument
KDD beginnings.pdf	Adobe Acrobat-Dokument
Kietz -- Data Mining zur Wissensgewinnung aus Datenbanken Teil1 Überblick.pdf	Adobe Acrobat-Dokument
Mandl2003 MULTI-AGENTEN-SIMULATION UND RAUM – SPIELWIESE ODER TRAGFÄHIGER MODELLIERUNGSANSATZ IN DER GEOGRAPHIE.pdf	Adobe Acrobat-Dokument
meng_2003 Rahmenbedingungen beim Einsatz von.pdf	Adobe Acrobat-Dokument
Meng_2003 Rahmenbedingungen beim Einsatz.pdf	Adobe Acrobat-Dokument
Modeling Vietnam (AKPINAR).pdf	Adobe Acrobat-Dokument
Netzguide E_Gov Data Mining als Staatsaufgabe.pdf	Adobe Acrobat-Dokument
oender_slides.pdf	Adobe Acrobat-Dokument
Räumliches Data Mining.pdf	Adobe Acrobat-Dokument
Rösch_Norbert Topologische Beziehungen.pdf	Adobe Acrobat-Dokument
SpatialDataMining-Pres.pdf	Adobe Acrobat-Dokument
spehling.pdf	Adobe Acrobat-Dokument
spektrum.pdf	Adobe Acrobat-Dokument
Standortabhängige Ableitung der Höhenwuchsleistung aus Forstinventurdaten mit Hilfe von Data-Mining-Methoden..pdf	Adobe Acrobat-Dokument
Verfahren zur Interpretation raumbezogener Daten-AndersDiss.pdf	Adobe Acrobat-Dokument
VISUALIZATION OF GEOSPATIAL DATA BY.pdf	Adobe Acrobat-Dokument
was ist data mining.pdf	Adobe Acrobat-Dokument
Wissensentdeckung in Datenbanken- Data Mining_TU Dortmund_01_Einfuehrung_4p.pdf	Adobe Acrobat-Dokument
\FINAL\sources\tools	
ArcMap	Dateiordner
Colorbrewer Color Advice for Maps.URL	Internetverknüpfung
Worldmapper The world as you've never seen it before.URL	Internetverknüpfung
\FINAL\sources\tools\ArcMap	
cholera_Arc9.zip	WinRAR ZIP archive
Diseases_ArcMap.ZIP	WinRAR ZIP archive
H1N1_Arc9.zip	WinRAR ZIP archive
TB_Arc9.zip	WinRAR ZIP archive